DESCUBRIENDO EL MUNDO EMOCIONAL DE LOS NIÑOS

BETTINA CAPUCHO

Copyright © 2023 Bettina Alejandra Capucho G.
All rights reserved.

❦ Creado con Vellum

A mis pacientitos, quienes día a día me muestran la importancia de escuchar el corazón con el mismo cuidado que escuchamos las palabras. Gracias por enseñarme que las emociones son el lenguaje más puro de la infancia.

A mis estudiantes, quienes con su curiosidad y pasión me inspiran a seguir enseñando y aprendiendo. Su búsqueda constante de respuestas me impulsa a seguir creciendo en esta hermosa vocación.

Acompañar a un niño en su viaje emocional no es solo una tarea de crianza, sino una oportunidad para descubrir la profundidad y la belleza de las emociones humanas. Cultivemos en ellos la inteligencia emocional, que es la brújula que les guiará hacia relaciones significativas y un bienestar integral.

Índice

Prefacio — ix

Prólogo — 1
1. Desarrollo infantil — 5
2. ¿Qué es la inteligencia emocional infantil? — 11
3. Aprendizaje a través del juego — 25
4. Estrategias para manejar emociones difíciles — 32
5. Desafíos comunes y cómo superarlos — 40
6. Crianza consciente y respetuosa — 49

Postfacio — 57
Agradecimientos — 59
Acerca del autor — 61

Prefacio

En este libro, nos embarcamos en un viaje emocionante hacia la comprensión profunda de las emociones de los niños. La inteligencia emocional es un componente esencial en el desarrollo infantil, y su importancia ha sido ampliamente reconocida en los últimos años. Este libro está diseñado para padres, educadores y cualquier persona interesada en el bienestar de los niños, ofreciendo herramientas valiosas para apoyar su crecimiento emocional.

La infancia es una etapa llena de descubrimientos y desafíos emocionales. A través de estas páginas, exploraremos cómo fomentar la inteligencia emocional desde una edad temprana hasta la adolescencia, proporcionando estrategias prácticas y enfoques basados en la investigación. No se trata solo de entender las emociones básicas, sino de aprender a manejarlas de manera efectiva y desarrollar empatía, autorregulación y habilidades sociales.

Cada capítulo de este libro ofrece una oportunidad para profundizar en diferentes aspectos de la inteligencia emocional infantil. Desde el aprendizaje a través del juego hasta la crianza consciente y respetuosa, pasando por la

Prefacio

gestión de emociones difíciles y la resolución de conflictos, este libro es una guía completa para aquellos que desean crear un entorno emocionalmente saludable para los niños.

Agradezco profundamente tu interés en este tema y espero que las ideas y estrategias presentadas en este libro te inspiren y te equipen para apoyar el desarrollo emocional de los niños que te rodean. La inteligencia emocional es un regalo invaluable que podemos ofrecer a las futuras generaciones, y tu papel en este proceso es fundamental.

Gracias por unirte a esta aventura hacia un mundo emocionalmente más consciente y saludable para todos los niños.

Prólogo

Este libro es un viaje emocionante hacia la comprensión profunda de las emociones de los más pequeños que nos rodean. No importa si eres padre, madre, tío, tía, primo o simplemente alguien apasionado por el bienestar de los niños, encontrarás aquí herramientas valiosas para entender y apoyar el desarrollo emocional de los niños que te importan.

La infancia es un viaje lleno de descubrimientos emocionales, y en estas páginas, nos sumergiremos en el fascinante mundo de las emociones infantiles. No se trata solo de entender las lágrimas y las risas, sino de descubrir estrategias prácticas para fomentar la inteligencia emocional desde las primeras etapas hasta la adolescencia.

A lo largo de este libro, nos embarcaremos juntos en la aventura de comprender, conectar y acompañar a los niños en su viaje emocional. Cada capítulo es una oportunidad para explorar nuevas formas de abordar las complejidades emocionales de los niños, creando así conexiones más fuertes y significativas con ellos.

Este no es solo un recurso para padres, sino para todos aquellos que tienen la dicha de formar parte de la vida de un niño. Ya seas un pariente cercano, un amigo, un educador o simplemente alguien que se preocupa profundamente por el bienestar de los niños, aquí encontrarás valiosas ideas y enfoques que te inspirarán en tu papel de guía y apoyo.

En mi experiencia como psicóloga clínica, he visto de primera mano cómo el desarrollo de la inteligencia emocional puede transformar vidas. A medida que avances en la lectura, te animo a aplicar las recomendaciones y técnicas presentadas, adaptándolas a las necesidades únicas de los niños en tu vida. La validación de emociones, la empatía, y las rutinas consistentes son elementos clave para crear un entorno seguro y amoroso donde los niños puedan florecer.

La validación emocional es un acto fundamental. Escuchar activamente y reflejar las emociones de los niños no solo les ayuda a sentirse comprendidos, sino que también les enseña a reconocer y gestionar sus propios sentimientos. La empatía, por su parte, fomenta la conexión y la comprensión mutua, habilidades esenciales para la vida.

Las rutinas diarias proporcionan una estructura que da seguridad a los niños, ayudándoles a anticipar lo que viene y a gestionar mejor las transiciones y cambios. Integrar momentos de conexión, como comidas familiares sin distracciones y rituales de juego, fortalece el vínculo emocional y fomenta un sentido de pertenencia y estabilidad.

Gracias por unirte a esta aventura. Espero que estas páginas te llenen de inspiración y te brinden las herramientas necesarias para nutrir el crecimiento emocional de los niños que tocan tu vida. La inteligencia emocional es un regalo invaluable que podemos ofrecer a las futuras generaciones, y tu papel en este proceso es fundamental.

Con gratitud y entusiasmo,
Bettina Capucho

1

Desarrollo infantil

El desarrollo infantil es un proceso complejo y dinámico que abarca múltiples áreas, cada una de las cuales es crucial para el crecimiento integral de un niño. Comprender estas áreas y las etapas asociadas a ellas es esencial para trabajar con los niños de manera efectiva, respetando sus necesidades, habilidades y capacidades. En este capítulo, exploraremos tres áreas fundamentales del desarrollo infantil: cognitivo, físico y psicosocial.

El desarrollo cognitivo se refiere a cómo los niños piensan, exploran y descubren el mundo que les rodea. Incluye habilidades como el aprendizaje, la memoria, el razonamiento y la resolución de problemas. Jean Piaget, un destacado psicólogo del desarrollo, propuso que los niños pasan por una serie de etapas cognitivas desde el nacimiento hasta la adolescencia:

Etapa Sensorimotora (0-2 años): En esta etapa, los niños aprenden sobre el mundo a través de sus sentidos y acciones. Comienzan a desarrollar el concepto de permanencia del objeto, entendiendo que los objetos continúan existiendo incluso cuando no están a la vista.

Etapa Preoperacional (2-7 años): Los niños empiezan a utilizar el lenguaje para explorar y comprender su mundo. Sin embargo, su pensamiento es todavía egocéntrico, lo que significa que les resulta difícil ver las cosas desde la perspectiva de los demás.

Etapa de Operaciones Concretas (7-11 años): En esta etapa, los niños desarrollan un pensamiento más lógico y organizado, aunque todavía les cuesta lidiar con conceptos abstractos. Pueden realizar operaciones mentales sobre objetos reales y eventos.

Etapa de Operaciones Formales (11 años en adelante): Los adolescentes desarrollan la capacidad de pensar de manera abstracta, hipotética y deductiva. Pueden formular hipótesis, planificar soluciones y considerar múltiples variables.

EL DESARROLLO físico incluye el crecimiento y los cambios en el cuerpo del niño, así como el desarrollo de habilidades motoras. Este desarrollo se puede dividir en dos categorías principales: el desarrollo de la motricidad gruesa y fina.

Motricidad Gruesa: Esta se refiere a las habilidades que implican movimientos de los músculos grandes, como caminar, correr, saltar y mantener el equilibrio. Estas habilidades son esenciales para la exploración y el juego activo.

Motricidad Fina: Involucra el control de movimientos más pequeños, como agarrar objetos, escribir y dibujar. Estas habilidades son cruciales para tareas que requieren precisión y coordinación, como vestirse, comer con utensilios y realizar actividades artísticas.

El desarrollo físico sigue un patrón predecible, pero cada niño progresa a su propio ritmo. Es importante proporcionar un entorno seguro y estimulante que promueva la actividad física y permita a los niños explorar sus capacidades.

EL DESARROLLO psicosocial se centra en cómo los niños desarrollan relaciones y comprenden sus emociones. Erik Erikson, un reconocido psicólogo del desarrollo, describió una serie de etapas psicosociales que los individuos atraviesan desde el nacimiento hasta la adultez:

Confianza vs. Desconfianza (0-1 año): En esta etapa, los bebés desarrollan un sentido de confianza en sus cuidadores y en el mundo que les rodea, o bien desconfianza si sus necesidades no son consistentemente satisfechas.

Autonomía vs. Vergüenza y Duda (1-3 años): Los niños pequeños comienzan a desarrollar un sentido de independencia. El apoyo y la alabanza en sus esfuerzos por ser autónomos fomentan la confianza, mientras que la crítica excesiva puede llevar a la vergüenza y la duda.

Iniciativa vs. Culpa (3-6 años): En esta etapa, los niños desarrollan la capacidad de planificar y llevar a cabo actividades. El éxito en esta etapa conduce a la iniciativa, mientras que el fracaso puede resultar en un sentido de culpa.

Laboriosidad vs. Inferioridad (6-12 años): Los niños comienzan a comparar sus habilidades con las de sus compañeros. La competencia y la realización en tareas escolares y deportivas fomentan la laboriosidad, mientras que las experiencias repetidas de fracaso pueden llevar a un sentimiento de inferioridad.

Identidad vs. Confusión de Roles (12-18 años): Durante la adolescencia, los individuos exploran diferentes roles y se esfuerzan por establecer una identidad personal. El éxito en esta etapa conduce a una fuerte identidad, mientras que el fracaso puede resultar en confusión de roles.

COMPRENDER las diferentes etapas del desarrollo infantil es fundamental para proporcionar el apoyo adecuado a los niños. Cada etapa viene con sus propios desafíos y oportunidades de aprendizaje, y reconocer esto nos permite adaptar nuestras expectativas y métodos de enseñanza a las necesidades individuales de cada niño.

Durante las primeras etapas del desarrollo cognitivo, los niños están descubriendo el mundo a través de sus sentidos y acciones. Es crucial reconocer que en esta fase, su capacidad para entender y procesar información es limitada pero en rápido crecimiento. Proporcionarles experiencias sensoriales ricas y oportunidades para explorar su entorno de manera segura y estructurada ayuda a estimular su desarrollo intelectual. A medida que avanzan hacia etapas más complejas, como la preoperacional y de operaciones concretas, los niños necesitan actividades que promuevan el pensamiento lógico y la resolución de problemas. Entender estas etapas permite a los educadores y cuidadores ofrecer desafíos adecuados que fomenten el aprendizaje sin causar frustración.

El desarrollo físico sigue un patrón predecible pero individualizado. Los niños desarrollan habilidades motoras gruesas y finas a diferentes ritmos, y es vital adaptar las actividades físicas para que sean apropiadas para su nivel de desarrollo. Proveer un entorno seguro y estimulante que promueva la actividad física contribuye a su salud general y desarrollo motor. Por ejemplo, los juegos que fomentan la coordinación y el equilibrio son esenciales en las primeras etapas, mientras que las actividades que requieren mayor precisión y destreza son más adecuadas para niños mayores. Reconocer y respetar estos ritmos individuales ayuda a prevenir lesiones y a promover una autoimagen positiva, ya que los niños experimentan éxito y progreso en sus habilidades físicas.

En cuanto al desarrollo psicosocial, cada etapa también viene con su propio conjunto de tareas y crisis que los niños deben resolver. Desde desarrollar la confianza básica en los primeros años hasta formar una identidad personal en la adolescencia, cada fase es crítica para el bienestar emocional y social del niño. Entender estas etapas permite a los cuidadores y educadores proporcionar el apoyo emocional adecuado. Por ejemplo, durante la etapa de autonomía versus vergüenza y duda, es esencial fomentar la independencia en los niños, permitiéndoles tomar decisiones y asumir pequeñas responsabilidades, lo que les ayuda a desarrollar confianza en sus propias habilidades. En la etapa de identidad versus confusión de roles, los adolescentes necesitan oportunidades para explorar diferentes roles y recibir apoyo en la formación de su identidad, lo que requiere un enfoque comprensivo y no crítico por parte de los adultos.

Además, comprender las etapas del desarrollo infantil nos permite ajustar nuestras expectativas y métodos de enseñanza para que sean realistas y adecuadas. Cada niño progresa a su propio ritmo y puede presentar variaciones en su desarrollo que requieren adaptaciones individuales. Observando y respondiendo a estas diferencias, podemos crear un ambiente de aprendizaje inclusivo que respete la diversidad de capacidades y estilos de aprendizaje. Esta flexibilidad es clave para fomentar un sentido de competencia y motivación en los niños, evitando comparaciones negativas y promoviendo un desarrollo saludable.

La comprensión de cada etapa del desarrollo infantil es esencial para proporcionar un apoyo adecuado y eficaz.

Adaptar nuestras interacciones, actividades y expectativas a las necesidades, habilidades y capacidades individuales de cada niño no solo facilita su aprendizaje y crecimiento, sino que también contribuye a su bienestar emocional y social. Este enfoque integral y personalizado es la base para criar y educar a niños que estén bien preparados para enfrentar los desafíos de la vida con confianza y resiliencia.

El desarrollo infantil abarca múltiples dimensiones que interactúan y se influyen mutuamente. Al comprender y respetar cada etapa del desarrollo cognitivo, físico y psicosocial, podemos proporcionar el apoyo necesario para que los niños alcancen su máximo potencial, creando así una base sólida para su futuro bienestar y éxito.

2

¿Qué es la inteligencia emocional infantil?

La inteligencia emocional se refiere a la capacidad de reconocer, comprender y gestionar nuestras propias emociones, así como la habilidad para percibir y responder de manera efectiva a las emociones de los demás. Es un concepto que ha evolucionado a lo largo del tiempo, pero su importancia en la vida cotidiana, las relaciones y el bienestar emocional ha sido cada vez más reconocida.

En este contexto, la inteligencia emocional infantil se centra en el desarrollo de estas habilidades emocionales desde la infancia. Los niños no nacen con un conjunto fijo de habilidades emocionales; en cambio, estas habilidades se forman y moldean a lo largo de sus experiencias y relaciones. Entender la inteligencia emocional en el contexto infantil implica reconocer la importancia de cultivar estas habilidades desde una edad temprana.

El término "inteligencia emocional" fue popularizado por el psicólogo Daniel Goleman en la década de 1990. Desde entonces, se ha convertido en un componente crucial en la conversación sobre el desarrollo infantil y la crianza efectiva. Aunque los niños pueden experimentar y expresar emociones de manera natural, la inteligencia emocional les proporciona las herramientas para comprender esas emociones, regular sus respuestas y construir relaciones sólidas con los demás.

Esta introducción busca sentar las bases para la exploración más profunda de la inteligencia emocional infantil en este libro. A medida que avanzamos, nos sumergiremos en los elementos clave de esta habilidad, explorando cómo los padres, educadores y aquellos que rodean a los niños pueden contribuir al desarrollo de una inteligencia emocional sólida y saludable desde los primeros años de vida.

La inteligencia emocional en los niños comprende varios componentes esenciales que contribuyen a su capacidad de entender y gestionar las emociones. Mencionaremos algunos elementos fundamentales para el desarrollo emocional saludable desde una edad temprana:

- El <u>reconocimiento emocional</u> es la habilidad para identificar y etiquetar las propias emociones y las de los demás. Sienta las bases para comprender y expresar adecuadamente los sentimientos. Permite que los niños desarrollen un vocabulario emocional y reconozcan las señales emocionales en los demás.

- La <u>regulación emocional</u> se trata de la capacidad para gestionar y moderar las propias emociones. Permite que los niños se adapten a situaciones desafiantes y mantengan un equilibrio emocional. Les enseña a manejar el estrés, la frustración y otros desafíos emocionales de manera saludable.

- La <u>empatía</u> es la habilidad para comprender y compartir los sentimientos de los demás. Fomenta la conexión y las relaciones saludables. Al comprender las emociones de los demás, los niños desarrollan un sentido de comunidad y colaboración. También es esencial para la

- La <u>expresión emocional</u> es la capacidad para comunicar las propias emociones de manera efectiva. Permite que los niños compartan sus sentimientos con los demás. Aprender a expresar sus emociones de manera adecuada es crucial para establecer relaciones saludables y para que los adultos cercanos comprendan sus necesidades emocionales.
- La <u>conciencia social</u> es la capacidad para entender las dinámicas emocionales en grupos sociales y adaptarse a ellas. Es crucial para navegar en entornos sociales, como la familia, la escuela y la comunidad. Los niños que desarrollan esta habilidad pueden comprender mejor las normas sociales y participar de manera positiva en grupos.
- La <u>motivación emocional</u> es la capacidad para utilizar las emociones como impulso para la acción y el logro de metas. Impulsa a los niños a perseguir objetivos significativos. Les ayuda a superar desafíos y a mantener la resiliencia frente a las dificultades.

La conciencia emocional, esa capacidad de reconocer y entender nuestras propias emociones y las de los demás, desempeña un papel esencial en la formación de relaciones saludables, especialmente en el mundo infantil. Al comprender las emociones a un nivel más profundo, los niños pueden experimentar una conexión más auténtica con quienes les rodean.

En el corazón de esta importancia está la empatía, la capacidad de ponerse en el lugar del otro. La conciencia emocional permite a los niños desarrollar esta empatía de manera natural, al entender las emociones de sus amigos, familiares y compañeros. Esta comprensión mutua establece las bases para relaciones más profundas y solidarias.

Además, la conciencia emocional facilita la comunicación efectiva. Los niños que pueden identificar y expresar sus emociones son más capaces de compartir sus pensamientos y sentimientos con los demás. Esto promueve una comunicación abierta y honesta, esencial para cualquier relación saludable.

En el ámbito de los conflictos, la conciencia emocional se revela como una herramienta poderosa. Los niños que comprenden sus propias emociones y las de los demás tienen una base sólida para abordar desacuerdos de manera constructiva. La resolución de conflictos se convierte en un proceso más respetuoso y orientado a soluciones.

La conciencia emocional también se conecta estrechamente con el autoconocimiento. Los niños que entienden sus propias emociones tienen una mayor comprensión de sus necesidades y deseos. Esto les permite establecer límites saludables y contribuir de manera más consciente a sus relaciones, promoviendo así una interacción más equitativa.

Cultivar la conciencia emocional desde la infancia contribuye al establecimiento y mantenimiento de relaciones positivas. Los niños que comprenden y gestionan sus emociones pueden cultivar amistades saludables, construir vínculos sólidos con familiares y desarrollar relaciones de confianza con sus cuidadores y educadores.

El desarrollo de la inteligencia emocional en la infancia es un proceso dinámico que evoluciona a medida que los niños atraviesan diferentes etapas de crecimiento. En los primeros años de vida, durante la primera infancia (0-2 años), los bebés comienzan a responder a las señales emocionales en su entorno, reconociendo expresiones faciales y tonos de voz que comunican emociones básicas. Es en este período donde se establecen los cimientos del vínculo emocional con los cuidadores primarios, creando una base segura para futuras interacciones emocionales. En los primeros años de vida, los niños experimentan una serie de hitos emocionales y comportamentales que desempeñan un papel fundamental en el desarrollo de la inteligencia emocional. Durante la primera infancia, desde el nacimiento hasta los dos años, los bebés comienzan a reconocer y responder a las expresiones emocionales de los demás, estableciendo las bases para la empatía y la comprensión emocional.

La formación del apego emocional con los cuidadores primarios es un hito significativo en este período, creando un vínculo seguro que influye en la forma en que los niños interpretan y responden a las emociones en su entorno. La capacidad de expresar sus propias emociones, aunque limitada en la primera infancia, se desarrolla progresivamente a través de gestos, vocalizaciones y la conexión emocional con los adultos.

A medida que los niños ingresan a la edad preescolar (3-5 años), el desarrollo de la inteligencia emocional se manifiesta en una expansión significativa del vocabulario emocional. Los pequeños comienzan a identificar y nombrar una gama más amplia de emociones, lo que les permite expresar verbalmente sus propios sentimientos. Es una etapa crucial donde se sientan las bases para una comunicación emocional más sofisticada. En esta etapa comienzan a identificar y nombrar una variedad más amplia de emociones, lo que les permite comunicar sus sentimientos de manera más efectiva. Este aumento en la expresión verbal de las emociones se traduce en una mayor comprensión de sus propios estados emocionales y contribuye al desarrollo de habilidades sociales básicas.

Durante la niñez temprana (6-12 años), los niños continúan refinando su inteligencia emocional. Adquieren una comprensión más profunda de las emociones, aprendiendo a distinguir matices emocionales sutiles y a comprender las causas y consecuencias de las reacciones emocionales. La capacidad para ponerse en el lugar del otro, una parte integral de la empatía, se desarrolla de manera más pronunciada, facilitando una conexión emocional más rica con sus pares. En esta etapa los hitos emocionales se manifiestan en una comprensión más profunda de las emociones y una mayor capacidad para manejarlas. Los niños comienzan a reconocer matices emocionales sutiles y a comprender las relaciones causa-efecto de las emociones. La empatía se vuelve más sofisticada, permitiéndoles comprender mejor las perspectivas y sentimientos de los demás.

En la adolescencia, la inteligencia emocional se enfrenta a nuevos desafíos y oportunidades. Los adolescentes exploran y experimentan con una amplia gama de emociones en el contexto de la identidad en evolución. Aprenden a manejar situaciones emocionales más complejas, como las relaciones románticas, y a tomar decisiones informadas sobre sus propias respuestas emocionales.

En cada etapa, el desarrollo de la inteligencia emocional es un viaje continuo y gradual. La exploración de las emociones, la identificación de las propias reacciones emocionales y la comprensión de las emociones de los demás son elementos clave en este proceso evolutivo. Fomentar un entorno que apoye este desarrollo es esencial para cultivar adultos emocionalmente inteligentes y relaciones interpersonales saludables.

A lo largo de estos primeros años, los niños también

experimentan desafíos emocionales que son cruciales para su desarrollo. Aprenden a lidiar con la frustración, a gestionar el estrés y a desarrollar estrategias para enfrentar emociones difíciles. Estos desafíos contribuyen a la resiliencia emocional y fortalecen la base de la inteligencia emocional en la adolescencia y más allá.

Los hitos emocionales y comportamentales en los primeros años son puntos de referencia cruciales en la formación de la inteligencia emocional. Desde el reconocimiento inicial de las emociones hasta la capacidad más compleja de comprender y gestionarlas, este viaje emocional sienta las bases para el crecimiento emocional saludable a lo largo de la vida.

La inteligencia emocional en la infancia no solo es un aspecto temporal del desarrollo, sino que también establece cimientos sólidos con efectos duraderos en la vida adulta. Las habilidades emocionales adquiridas durante la infancia influyen en diversos aspectos, dando forma a la manera en que los individuos se relacionan consigo mismos y con los demás.

En primer lugar, la inteligencia emocional en la infancia está vinculada al desarrollo de relaciones interpersonales saludables. Los niños que aprenden a reconocer, comprender y gestionar sus emociones son más propensos a establecer conexiones positivas con sus pares y a construir relaciones duraderas. Estas habilidades también impactan la capacidad para resolver conflictos de manera efectiva, mejorando la calidad de las relaciones interpersonales a lo largo de la vida.

Además, la inteligencia emocional en la infancia influye en el bienestar psicológico y emocional en la edad adulta. Los individuos que han desarrollado una comprensión saludable de sus emociones tienden a manejar el estrés de manera más efectiva, lo que contribuye a una mayor resiliencia emocional. Esta resiliencia es valiosa en situaciones desafiantes, promoviendo la capacidad de adaptación y la recuperación emocional.

El impacto de la inteligencia emocional también se extiende al ámbito laboral. Adultos que han desarrollado habilidades emocionales sólidas suelen destacarse en la gestión de equipos, la resolución de conflictos y el liderazgo. La empatía, la comunicación efectiva y la capacidad de trabajar bien con los demás son cualidades apreciadas en el entorno laboral y contribuyen al éxito profesional a lo largo del tiempo.

En el ámbito de la salud mental, la inteligencia emocional en la infancia puede ser un factor protector. La capacidad de reconocer y abordar las propias emociones desde temprano puede reducir el riesgo de problemas de salud mental en la edad adulta. La autoconciencia emocional facilita la búsqueda de apoyo cuando es necesario y promueve estrategias saludables de afrontamiento.

La inteligencia emocional en la infancia actúa como un predictor significativo de diversos aspectos de la vida adulta. Desde relaciones interpersonales más saludables hasta un mayor bienestar emocional y éxito en el ámbito laboral, las habilidades emocionales adquiridas en la infancia modelan el camino para una vida adulta más equilibrada y satisfactoria. Cultivar la inteligencia emocional desde temprano es, por lo tanto, una inversión valiosa en el desarrollo integral de un individuo.

La inteligencia emocional y la inteligencia cognitiva son dos dimensiones cruciales del desarrollo humano que operan de manera interrelacionada pero abordan aspectos distintos de la experiencia y la habilidad. Mientras que la inteligencia cognitiva se centra en la capacidad mental para el aprendizaje, la resolución de problemas y la toma de decisiones, la inteligencia emocional se enfoca en el reconocimiento, comprensión y gestión de las emociones propias y ajenas.

En la comparación de ambas, la inteligencia cognitiva se asocia más directamente con las habilidades académicas y cognitivas tradicionales, como el razonamiento lógico, la memoria, la resolución de problemas matemáticos, y la comprensión verbal. Por otro lado, la inteligencia emocional abarca habilidades más relacionadas con las emociones y las relaciones interpersonales, como la empatía, la autorregulación emocional y la habilidad para comprender las señales emocionales en los demás.

Sin embargo, es esencial reconocer que estas dos formas de inteligencia no son independientes; de hecho, se complementan mutuamente de maneras significativas. En el desarrollo global del niño, la combinación de ambas formas de inteligencia contribuye a un equilibrio integral.

La inteligencia emocional aporta una dimensión clave a la comprensión de sí mismo y de los demás, fomentando habilidades sociales que son vitales para el éxito interpersonal. Esta habilidad no solo ayuda en la formación de relaciones saludables, sino que también contribuye a la resiliencia emocional en situaciones de estrés y a la capacidad para abordar conflictos de manera constructiva. Por otro lado, la inteligencia cognitiva impulsa el pensamiento analítico, la resolución de problemas y el éxito académico. La capacidad para procesar información, comprender conceptos abstractos y aprender nuevas habilidades cognitivas es esencial en el entorno educativo y profesional.

La complementariedad entre ambas inteligencias es evidente en situaciones cotidianas. Por ejemplo, la inteligencia emocional puede ayudar a un niño a gestionar la ansiedad antes de un examen, permitiéndole aplicar de manera efectiva sus habilidades cognitivas. A su vez, las habilidades cognitivas bien desarrolladas pueden facilitar la comprensión de situaciones emocionales complejas.

La comparación de la inteligencia emocional con la inteligencia cognitiva destaca sus diferencias pero también subraya la importancia de abordar ambas dimensiones para lograr un desarrollo global y equilibrado del niño. Una combinación armoniosa de estas dos formas de inteligencia contribuye a un individuo más completo, capaz de enfrentar los desafíos académicos, sociales y emocionales de manera efectiva a lo largo de su vida.

Las habilidades emocionales de los niños se manifiestan de manera tangible en su vida cotidiana. Por ejemplo, cuando un niño identifica la tristeza en un amigo o muestra empatía al consolar a alguien que se ha lastimado, está demostrando reconocimiento y comprensión emocional. En situaciones desafiantes, como no ganar en un juego, la regulación emocional se vuelve evidente cuando el niño logra controlar la frustración y mantener una actitud positiva.

La expresión emocional a través de actividades como el arte revela la riqueza de su mundo emocional. Estos episodios cotidianos ilustran la inteligencia emocional en acción, influenciando cómo los niños interactúan con su entorno y con los demás.

Esta inteligencia emocional se traduce en éxito a lo largo de sus vidas. En el ámbito académico, facilita la gestión del estrés durante los exámenes y motiva el aprendizaje. En lo social, contribuye a relaciones saludables y a un entorno positivo en la escuela. Además, la inteligencia emocional fomenta la adaptabilidad en nuevos entornos y es esencial para resolver conflictos de manera positiva, construyendo así las bases para un desarrollo integral y un rendimiento positivo en distintas áreas de la vida.

El papel de los padres, cuidadores y educadores en la promoción de la inteligencia emocional es de vital importancia para el desarrollo integral de los niños. Desde los primeros años de vida, estos adultos cercanos desempeñan un papel fundamental al modelar, enseñar y fomentar habilidades emocionales.

En el hogar, los padres tienen la oportunidad de crear un ambiente emocionalmente saludable. La expresión abierta de emociones, el diálogo sobre los sentimientos y la validación de las experiencias emocionales de los niños contribuyen al desarrollo de su inteligencia emocional. Los padres también pueden enseñar estrategias de regulación emocional modelando comportamientos positivos y ofreciendo apoyo emocional cuando sea necesario.

Los cuidadores, ya sean familiares o profesionales, tienen la responsabilidad de estar atentos a las necesidades emocionales de los niños. El establecimiento de relaciones seguras y de confianza es esencial para que los niños se sientan cómodos expresando sus emociones y buscando apoyo cuando lo necesitan. La empatía y la comprensión de los cuidadores son fundamentales para fortalecer la conexión emocional con los niños.

En el entorno educativo, los educadores juegan un papel clave en el desarrollo de la inteligencia emocional. Al crear un clima de aula que fomente la expresión emocional y el respeto mutuo, los educadores pueden cultivar un espacio donde los niños se sientan seguros para compartir sus emociones. La incorporación de actividades que promuevan el reconocimiento y la gestión de las emociones en el currículo refuerza aún más estas habilidades.

La comunicación abierta y efectiva entre padres, cuidadores y educadores es esencial. La colaboración entre estos adultos cercanos crea un entorno coherente que refuerza los mensajes sobre la importancia de la inteligencia emocional. Además, la formación y el apoyo continuo para los padres y educadores en este tema pueden potenciar su capacidad para guiar y apoyar el desarrollo emocional de los niños.

Fomentar la educación emocional en diferentes entornos implica implementar estrategias prácticas que integren el desarrollo de habilidades emocionales en la vida diaria de los niños. Aquí hay algunas estrategias específicas que pueden aplicarse en el hogar, en la escuela y en otros entornos:

En el Hogar:

- Modelado de Comportamientos Emocionales Saludables: Los padres pueden modelar la expresión abierta de emociones y cómo manejarlas de manera constructiva. Esto ayuda a que los niños aprendan a reconocer y expresar sus propias emociones.
- Diálogo Abierto: Fomentar la comunicación abierta sobre emociones. Los padres pueden preguntar a sus hijos sobre cómo se sienten y validar esas emociones, creando un espacio seguro para la expresión emocional.
- Rutinas Emocionales: Integrar rutinas que promuevan la regulación emocional, como la práctica diaria de la meditación o la identificación de "momentos emocionales" durante la cena.

En la escuela:

- Currículo de Inteligencia Emocional: Integrar actividades y lecciones específicas sobre inteligencia emocional en el currículo escolar. Esto puede incluir actividades de grupo, discusiones y proyectos que aborden las emociones y las habilidades sociales.

· <u>Ambiente de Aula Positivo</u>**:** Crear un ambiente de aula que promueva la expresión emocional y el respeto mutuo. Los educadores pueden establecer normas que fomenten la empatía y la resolución de conflictos de manera positiva.

· <u>Programas de Mentores</u>**:** Establecer programas de mentores entre estudiantes mayores y más jóvenes para fomentar relaciones de apoyo y ayudar a los niños a desarrollar habilidades emocionales a través de la interacción entre pares.

Otros entornos:

· <u>Actividades Artísticas y Creativas:</u> En entornos recreativos o extracurriculares, se pueden incorporar actividades artísticas y creativas que permitan a los niños expresar sus emociones de manera no verbal, como a través de la pintura, el teatro o la música.

· <u>Juegos Cooperativos</u>**:** Fomentar juegos y actividades cooperativas que requieran trabajar en equipo, comunicación efectiva y resolución de problemas. Esto promueve habilidades sociales y emocionales en un entorno lúdico.

· <u>Reconocimiento y Celebración de Logros Emocionales</u>**:** Reconocer y celebrar los logros emocionales de los niños, como la gestión exitosa de una situación difícil o la expresión efectiva de sus emociones. Esto refuerza positivamente el desarrollo emocional.

En todos estos entornos, la consistencia y la colaboración entre adultos son fundamentales. Comunicarse entre padres, educadores y otros cuidadores ayuda a asegurar que las estrategias implementadas sean coherentes y efectivas en el fomento de la educación emocional de los niños.

En el transcurso de este primer capítulo, hemos explorado el fascinante mundo del desarrollo emocional infantil. Desde los primeros indicios de reconocimiento emocional en la infancia hasta la complejidad de las habilidades de inteligencia emocional en la adolescencia, hemos examinado los hitos, desafíos y estrategias para cultivar un crecimiento emocional saludable en los niños.

Este capítulo no solo ha sido un viaje a través de teorías y conceptos, sino también un recordatorio de la importancia fundamental de la inteligencia emocional en la formación de individuos equilibrados y resilientes. En las páginas siguientes, continuaremos explorando temas que profundizan en aspectos específicos del desarrollo emocional infantil, construyendo un marco sólido para comprender y nutrir la riqueza emocional de los niños en su camino hacia la edad adulta.

3

Aprendizaje a través del juego

El juego desempeña un papel fundamental en el desarrollo cognitivo de los niños, siendo un terreno fértil para el florecimiento de habilidades mentales clave. A través del juego, los niños se enfrentan a desafíos y resuelven problemas, estimulando así su pensamiento crítico y su capacidad para encontrar soluciones.

Juegos de Construcción: Los juegos de construcción, como bloques o rompecabezas, son ejemplos destacados. Los niños no solo aprenden a coordinar y manipular objetos físicos, sino que también desarrollan la capacidad de visualizar y planificar en tres dimensiones. Estos juegos fomentan habilidades matemáticas y espaciales esenciales.

Juegos Simbólicos: El juego simbólico, donde los niños representan roles imaginarios, también contribuye al desarrollo cognitivo. Al asumir diferentes personajes y situaciones, los niños practican el pensamiento abstracto y la comprensión de perspectivas, lo que fortalece sus habilidades para anticipar y comprender situaciones complejas.

Juegos de Estrategia: Los juegos de estrategia,

como ajedrez o juegos de mesa complejos, desafían la mente de los niños al requerir planificación, toma de decisiones y anticipación de las acciones del oponente. Estos juegos no solo fortalecen la memoria y la atención, sino que también promueven el razonamiento lógico.

Juegos Digitales Educativos: En la era digital, los juegos educativos bien diseñados pueden ser herramientas poderosas para el aprendizaje cognitivo. Aplicaciones y programas interactivos pueden abordar conceptos académicos mientras involucran activamente a los niños, proporcionando retroalimentación inmediata y adaptándose a sus niveles individuales de habilidad.

Importancia de los Juegos Estructurados y No Estructurados: Los juegos estructurados, como los mencionados anteriormente, ofrecen desafíos específicos y objetivos claros. Por otro lado, los juegos no estructurados, como el juego libre, permiten a los niños explorar su creatividad y construir habilidades cognitivas a través de la autoiniciativa. Ambos tipos son esenciales para un desarrollo cognitivo equilibrado.

El juego no solo entretiene a los niños, sino que también les proporciona experiencias ricas que nutren su desarrollo cognitivo. Desde la resolución de problemas hasta la expansión del pensamiento abstracto, el juego se revela como un aliado valioso en el viaje hacia la madurez cognitiva.

El juego, en todas sus formas, se erige como una arena clave para la formación de habilidades sociales en los niños. Cuando los pequeños participan en juegos grupales, desde actividades estructuradas hasta el juego libre, están inmersos en un mundo de interacciones sociales que contribuyen significativamente a su desarrollo interpersonal.

A través del juego, los niños aprenden a cooperar, negociar y compartir. Los juegos estructurados, como los juegos de mesa, establecen reglas que requieren que los niños trabajen juntos hacia un objetivo común. Esto no solo fomenta la cooperación, sino que también les enseña a manejar la competencia de manera saludable. Además, estos juegos establecen la importancia de seguir reglas y respetar turnos, habilidades cruciales para la vida social.

En el juego simbólico, los niños asumen roles y exploran diferentes escenarios. Este tipo de juego promueve la empatía, ya que los niños deben comprender las perspectivas de los personajes que están representando. Aprenden a entender las emociones y motivaciones de otros, una habilidad esencial para construir relaciones sólidas.

Los juegos al aire libre también desempeñan un papel vital en el desarrollo social. En el juego en el patio de recreo, los niños experimentan la importancia de compartir y aprender a interactuar con compañeros que pueden tener diferentes habilidades y antecedentes. Estas experiencias contribuyen a la construcción de la autoestima y la capacidad para formar relaciones significativas.

El juego socializa a los niños, proporcionándoles un terreno de juego para practicar habilidades conversacionales, expresar sus pensamientos y escuchar a los demás. La diversidad de personalidades en un grupo de juego les enseña a adaptarse a diferentes estilos de comunicación, contribuyendo a su habilidad para navegar eficazmente en diversas situaciones sociales.

El juego no solo es una actividad recreativa; es un facilitador crucial para el desarrollo social de los niños. Al interactuar con otros en un entorno lúdico, los niños adquieren habilidades sociales fundamentales que sentarán las bases para relaciones saludables y una participación efectiva en la sociedad a medida que crecen.

El juego se presenta como un terreno fértil para el florecimiento y la exploración del mundo emocional de los niños. A través de actividades lúdicas, los pequeños tienen la oportunidad de expresar, comprender y gestionar una amplia gama de emociones, contribuyendo así a un desarrollo emocional saludable.

En el juego, los niños pueden representar situaciones emocionales diversas, desde la alegría hasta la frustración. Este proceso de representación simbólica les permite explorar y procesar sus propias emociones, así como comprender las emociones de los demás. Por ejemplo, al representar a un personaje enojado durante el juego simbólico, los niños pueden experimentar y aprender sobre la emoción del enojo de una manera segura y controlada.

Los juegos también ofrecen un espacio seguro para la expresión emocional directa. Los niños pueden manifestar sus emociones a través de risas, gritos de alegría, o incluso lágrimas en el caso de la tristeza. Esta expresión libre es esencial para el desarrollo de la conciencia emocional, permitiéndoles reconocer, aceptar y validar sus propias emociones.

La interacción en juegos sociales proporciona una plataforma para la exploración de dinámicas emocionales complejas. A través de juegos de roles y situaciones imaginarias, los niños experimentan cómo es estar en la piel de otra persona y comprenden la diversidad de experiencias emocionales que existen. Esto contribuye a desarrollar empatía y la capacidad de percibir las emociones de los demás.

El juego también actúa como un mecanismo de regulación emocional. Cuando los niños se enfrentan a desafíos en un juego, aprenden a manejar la frustración y a encontrar soluciones. Este proceso de autorregulación es esencial para el desarrollo de habilidades emocionales que les permitirán abordar situaciones similares en la vida real de manera efectiva.

El adulto desempeña un papel crucial como guía y facilitador en el juego infantil. Más allá de ser observadores, los adultos pueden enriquecer la experiencia de juego al proporcionar un apoyo estructurado y alentar la participación activa de los niños.

La observación atenta permite a los adultos comprender los intereses y necesidades de los niños, lo que facilita la elección de juegos apropiados y relevantes para su desarrollo. Esta comprensión también les permite intervenir de manera efectiva cuando sea necesario, ya sea para resolver conflictos entre niños, ofrecer orientación o proporcionar información adicional que enriquezca la experiencia de juego.

El adulto también actúa como modelo a seguir. Su participación activa en el juego demuestra cómo disfrutar de manera positiva, respetuosa y participativa. Esto crea un ambiente en el que los niños se sienten cómodos explorando nuevas ideas y roles, fomentando la creatividad y la confianza en sí mismos.

La facilitación del juego incluye proporcionar materiales adecuados, establecer límites claros y crear un entorno seguro. El adulto puede introducir nuevas ideas o variaciones en el juego para mantenerlo fresco y desafiante. Además, pueden ofrecer preguntas reflexivas que estimulen el pensamiento crítico y la resolución de problemas durante el juego.

El papel del adulto es especialmente importante en el juego educativo, donde pueden aprovechar la oportunidad para integrar conceptos académicos de manera lúdica. Pueden adaptar el nivel de dificultad según las habilidades individuales de cada niño, asegurando un aprendizaje efectivo y motivador.

En el juego social, los adultos pueden guiar la interacción entre los niños, fomentando la cooperación y enseñando habilidades de comunicación efectiva. Intervenir de manera constructiva en situaciones de conflicto ayuda a los niños a desarrollar habilidades para resolver problemas y gestionar emociones.

El aprendizaje a través del juego presenta tanto desafíos como beneficios, y entender esta dualidad es esencial para maximizar su impacto positivo en el desarrollo infantil.

En cuanto a los desafíos, la falta de recursos y acceso equitativo a oportunidades de juego educativo puede limitar el alcance de este enfoque, especialmente en comunidades desfavorecidas. Además, adaptarse a los diferentes estilos de aprendizaje de los niños puede ser un desafío para educadores y cuidadores.

Sin embargo, los beneficios del aprendizaje a través del juego son significativos. Estimula el desarrollo cognitivo al fomentar el pensamiento crítico y la creatividad. Los niños que participan en juegos cognitivamente desafiantes tienden a desarrollar habilidades cognitivas avanzadas.

Además, el juego facilita el desarrollo de habilidades sociales clave, como la cooperación y la empatía. La intrínseca motivación que surge del enfoque lúdico del aprendizaje es esencial para el compromiso y el entusiasmo de los niños.

En el ámbito emocional, el juego proporciona un espacio seguro para que los niños exploren y comprendan sus emociones, contribuyendo a su salud emocional a lo largo del tiempo. Además, fomenta la creatividad, la imaginación y el aprendizaje práctico, permitiendo a los niños experimentar conceptos abstractos de manera tangible.

Al reconocer los desafíos, como la falta de recursos y la adaptación a diferentes estilos de aprendizaje, también hemos destacado la importancia de abordar estas cuestiones para garantizar que todos los niños tengan acceso igualitario a las oportunidades de aprendizaje a través del juego.

4

Estrategias para manejar emociones difíciles

La validación de emociones representa una parte fundamental en el proceso de enseñar a los niños a manejar sus emociones de manera efectiva. La importancia de este aspecto radica en el reconocimiento y aceptación de los sentimientos del niño, proporcionándole la seguridad de que sus emociones son válidas y comprensibles.

La validación comienza con la escucha activa. Cuando los adultos escuchan con atención y muestran interés genuino en lo que el niño está expresando, están enviando un mensaje claro de que las emociones del niño son importantes y dignas de atención. Este proceso va más allá de simplemente oír las palabras; implica captar la emoción subyacente y reflejarla de vuelta al niño.

Reflejar las emociones implica verbalizar lo que se percibe. Por ejemplo, "Parece que estás muy frustrado ahora" o "Veo que estás muy contento". Esta validación ayuda al niño a poner palabras a sus emociones, construyendo así una comprensión más sólida de lo que está experimentando.

La empatía desempeña un papel crucial en la validación. Al mostrar empatía, los adultos transmiten la idea de que entienden y se preocupan por lo que el niño está sintiendo. Esta conexión emocional fortalece el vínculo entre el adulto y el niño, creando un ambiente en el cual el niño se siente aceptado y comprendido.

La enseñanza de la validación de emociones también implica fomentar la autoexpresión emocional. Los niños deben sentirse libres de expresar sus emociones sin temor a la crítica o la invalidación. Esta libertad de expresión emocional les brinda las herramientas necesarias para enfrentar y comprender sus propias emociones.

La validación de emociones no solo es un acto de reconocimiento, sino una herramienta vital para el desarrollo emocional. Al proporcionar un espacio seguro y comprensivo para que los niños expresen sus emociones, estamos sentando las bases para la regulación emocional y la comprensión emocional a lo largo de sus vidas.

El desarrollo de estrategias efectivas para la regulación emocional es esencial en el proceso de enseñar a los niños a manejar emociones difíciles de manera saludable.

Un componente fundamental es enseñar técnicas de respiración y prácticas de mindfulness. Estas herramientas ofrecen a los niños formas concretas de calmarse y centrarse en momentos de agitación emocional. La respiración profunda, por ejemplo, puede actuar como un ancla que los niños pueden utilizar para encontrar calma en medio de la tormenta emocional. Además, prácticas simples de mindfulness, adaptadas a la edad, pueden ayudar a los niños a mantenerse presentes y conscientes de sus emociones sin sentirse abrumados por ellas.

La identificación de emociones es otra estrategia clave. Enseñar a los niños a reconocer y nombrar sus emociones les brinda una herramienta poderosa para comprender y comunicar lo que están experimentando. Esto no solo facilita el proceso de validación emocional, sino que también sienta las bases para la autorregulación.

Las actividades creativas también desempeñan un papel significativo en la regulación emocional. El arte, la música o la escritura ofrecen a los niños vías alternativas para expresar emociones que pueden ser difíciles de comunicar verbalmente. Estas actividades permiten una forma de liberación emocional constructiva y promueven la conciencia de uno mismo.

Además de enseñar técnicas específicas, es importante fomentar una comprensión más profunda de las emociones y cómo afectan al cuerpo y la mente. Los niños pueden aprender a reconocer los signos físicos de diferentes emociones, lo que les permite intervenir antes de que las emociones alcancen niveles abrumadores.

Proporcionar estrategias para la regulación emocional implica equipar a los niños con herramientas prácticas y conceptuales. Estas herramientas no solo les ayudan a lidiar con las emociones difíciles en el momento, sino que también construyen habilidades que beneficiarán su bienestar emocional a lo largo de sus vidas.

Te comparto aquí algunas estrategias prácticas para la regulación emocional que pueden adaptarse según la edad y las preferencias individuales de los niños, proporcionando herramientas concretas que les ayudarán a regular sus emociones de manera efectiva:

Respiración Profunda: Enseñar a los niños a practicar la respiración profunda puede ser una estrategia efectiva para la regulación emocional. Pueden inhalar lentamente por la nariz, retener la respiración por unos segundos y exhalar lentamente por la boca. Esta técnica ayuda a calmar el sistema nervioso y a centrar la atención.

Botón de la Paz: Introducir la idea de un "botón de

la paz" puede ser útil, especialmente para niños más pequeños. Pueden tocarse el pecho o un objeto especial mientras practican la respiración profunda, asociando este gesto con la calma y la autorregulación.

Identificación de Emociones con Colores: Asociar emociones con colores puede ser una herramienta visual efectiva. Por ejemplo, el rojo puede representar la ira, el azul la tristeza y el verde la calma. Pueden utilizar tarjetas o dibujos de colores para expresar cómo se sienten.

Mindfulness a Través de los Sentidos: Fomentar la práctica del mindfulness a través de los sentidos puede ser práctico. Pueden centrarse en lo que ven, oyen, sienten, huelen y saborean en un momento dado. Esta práctica ayuda a conectar con el presente y a disminuir la intensidad emocional.

Cuaderno de Emociones: Alentar a los niños a mantener un cuaderno de emociones donde puedan dibujar o escribir sobre lo que están sintiendo en momentos de intensidad emocional. Esto les brinda una salida creativa y una forma de procesar sus emociones.

Actividades Creativas: Proporcionar oportunidades para actividades creativas, como pintar, modelar con arcilla o tocar instrumentos musicales, puede ser terapéutico. Estas actividades permiten la expresión emocional a través de medios no verbales.

Tiempo de Silencio: Introducir breves momentos de silencio puede ayudar a los niños a desconectar y a recuperar la calma. Esto puede hacerse a través de actividades como la meditación guiada o simplemente sentarse en silencio durante unos minutos.

Cuentos o Narrativas: Utilizar cuentos o narrativas sobre la regulación emocional puede ser efectivo. Los niños pueden identificarse con personajes que enfrentan desafíos emocionales y aprenden a manejarlos de manera positiva.

Zona de Calma: Crear un espacio designado como la "zona de calma" en el hogar o en la escuela puede proporcionar un lugar al que los niños puedan ir cuando necesiten calmarse. Puede estar equipado con almohadas, mantas suaves y materiales calmantes.

Juegos de Rol: Practicar situaciones de la vida real a través de juegos de rol puede ser beneficioso. Los niños pueden ensayar cómo manejar diferentes emociones en un entorno seguro y recibir retroalimentación constructiva.

LAS RUTINAS en la vida de los niños desempeñan un papel esencial en el manejo de emociones difíciles, ya que proporcionan un marco estructurado que contribuye significativamente a su desarrollo emocional saludable. Uno de los beneficios clave de las rutinas es que ofrecen seguridad y previsibilidad. Al conocer lo que sucederá en diferentes momentos del día, los niños experimentan una disminución de la ansiedad y un aumento en la sensación de seguridad. Este aspecto es particularmente valioso en situaciones que pueden desencadenar emociones difíciles, ya que las rutinas actúan como un ancla emocional durante cambios o desafíos.

Además, las rutinas contribuyen a la creación de un entorno emocionalmente estable. La consistencia diaria brinda a los niños una base emocional sólida, cultivando un sentido de control sobre su entorno. Este sentido de estabilidad es esencial cuando se enfrentan a situaciones emocionales difíciles, ya que les proporciona una base sólida desde la cual abordar y procesar sus emociones.

Otro aspecto clave es cómo las rutinas fomentan la autorregulación. La anticipación que proporciona una rutina bien establecida permite a los niños prepararse mental y emocionalmente para lo que viene a continuación. Esto no solo ayuda a anticipar y gestionar sus propias emociones, sino que también contribuye a desarrollar habilidades de autorregulación que son esenciales para el bienestar emocional a lo largo de la vida.

Es importante adaptar las rutinas a las edades y etapas específicas de desarrollo de los niños. Las rutinas para los más pequeños pueden centrarse en actividades básicas como la alimentación y la hora de dormir, mientras que para niños mayores pueden incluir aspectos académicos, sociales y recreativos. Esta adaptabilidad asegura que las rutinas sean relevantes y efectivas para las necesidades individuales de cada niño.

Además, las rutinas consistentes permiten a los adultos enviar un mensaje emocional coherente. La previsibilidad en las actividades, como un momento tranquilo antes de dormir, transmite la idea de que ciertos momentos del día están asociados con la calma y la relajación, ayudando así a preparar emocionalmente al niño para el descanso.

Las rutinas son más que simplemente estructuras diarias; son herramientas valiosas para proporcionar estabilidad emocional, promover la autorregulación y enseñar habilidades organizativas y de responsabilidad. Establecer rutinas efectivas implica una atención cuidadosa a las necesidades individuales de cada niño y la capacidad de adaptarse a cambios en las circunstancias o en las etapas de desarrollo.

La gestión de conflictos es una habilidad esencial que los niños deben desarrollar para manejar emociones difíciles de manera constructiva. En este contexto, enseñar a los niños a resolver conflictos de manera pacífica se convierte en un componente crucial de su crecimiento emocional.

En primer lugar, la resolución pacífica de conflictos

implica enseñar a los niños a comunicar sus necesidades y emociones de manera efectiva. Esto implica fomentar habilidades de expresión verbal que les permitan articular claramente lo que están sintiendo sin recurrir a la agresión física o verbal. Proporcionar un vocabulario emocional y alentarlos a compartir sus sentimientos contribuye a una comunicación abierta y honesta.

Un aspecto fundamental de la gestión de conflictos es la enseñanza de la empatía. Los niños deben comprender no solo sus propias emociones, sino también las de los demás. Fomentar la perspectiva de ponerse en el lugar del otro les ayuda a desarrollar empatía y comprensión, elementos esenciales para resolver conflictos de manera pacífica.

En este proceso, se pueden utilizar ejemplos concretos y situaciones prácticas para enseñar a los niños estrategias específicas de resolución de conflictos. Por ejemplo, aprender a escuchar activamente a la otra persona, identificar el problema central y buscar soluciones mutuamente beneficiosas son habilidades prácticas que pueden aplicar en diversas situaciones.

La enseñanza de estrategias de resolución de conflictos también implica el reconocimiento de la importancia de controlar las emociones propias durante un conflicto. Los niños deben aprender a reconocer cuando sus emociones están intensas y a tomar medidas para calmarse antes de abordar el conflicto. Esto puede incluir técnicas previamente aprendidas, como la respiración profunda o el tiempo de reflexión. Además, se puede utilizar la narración de historias o situaciones de la vida real para ilustrar los beneficios de la resolución pacífica de conflictos. Estos ejemplos permiten a los niños visualizar y comprender cómo se aplican estas habilidades en situaciones de la vida cotidiana.

La gestión de conflictos implica equipar a los niños con habilidades de comunicación efectivas, fomentar la empatía y enseñar estrategias concretas para abordar y resolver situaciones conflictivas de manera pacífica. Estas habilidades no solo son esenciales para las interacciones sociales saludables, sino que también contribuyen significativamente al desarrollo emocional integral de los niños.

5

Desafíos comunes y cómo superarlos

Este capítulo se centra en explorar los desafíos comunes que los padres, cuidadores y educadores enfrentan en la crianza y educación de los niños, proporcionando estrategias prácticas para superarlos. Se abordarán diversos aspectos del desarrollo infantil y se ofrecerán enfoques efectivos para enfrentar los obstáculos que puedan surgir.

La comunicación efectiva con los niños es un aspecto crítico en la crianza y educación. Uno de los desafíos comunes radica en la brecha de comprensión entre adultos y niños, especialmente cuando estos últimos están en diferentes etapas de desarrollo. Para superar este desafío, es esencial adaptar el enfoque de comunicación según la edad y las capacidades del niño.

Fomentar la escucha activa es clave. Esto implica dedicar tiempo y atención plena para comprender lo que el niño está expresando. Hacer preguntas abiertas y mostrar interés genuino en sus pensamientos y emociones no solo fortalece la conexión emocional, sino que también establece la base para una comunicación abierta y honesta.

La adaptabilidad en el estilo de comunicación es

crucial. Para los niños más pequeños, la comunicación puede ser más efectiva a través de métodos visuales y acciones, mientras que los niños mayores pueden participar en conversaciones más detalladas. Reconocer y respetar el nivel de desarrollo cognitivo de cada niño contribuye a evitar frustraciones y malentendidos.

En situaciones de conflicto, la comunicación efectiva es aún más vital. Enseñar a los niños a expresar sus sentimientos y necesidades de manera asertiva, evitando la agresión verbal o física, es un componente fundamental de la resolución de conflictos. Asimismo, los adultos deben modelar la comunicación respetuosa para que los niños aprendan a manejar las diferencias de manera constructiva.

La creación de un ambiente que fomente la comunicación abierta implica establecer una atmósfera de confianza. Los niños deben sentirse seguros al compartir sus pensamientos y preocupaciones sin temor a represalias. La expresión de emociones debe ser validada, reforzando así la idea de que sus pensamientos y sentimientos son valorados.

Superar los desafíos en la comunicación implica adaptarse a las necesidades y capacidades individuales de los niños, fomentar la escucha activa, enseñar habilidades de expresión asertiva y crear un ambiente de confianza que promueva la apertura y la honestidad en la comunicación.

La resolución de conflictos en el hogar es una habilidad vital que impacta directamente en el ambiente familiar y en el desarrollo emocional de los niños. Uno de los desafíos comunes es la aparición de disputas que pueden generar tensiones y afectar la dinámica familiar. Superar estos desafíos implica adoptar estrategias que fomenten una resolución pacífica y constructiva.

En primer lugar, es esencial modelar un comportamiento positivo. Los adultos son modelos a seguir para los niños, y cómo manejan los conflictos establece un precedente importante. Mostrar respeto, empatía y habilidades de comunicación efectivas durante los desacuerdos establece un ejemplo valioso para los niños.

La enseñanza de habilidades de negociación es fundamental. Los niños deben aprender a expresar sus necesidades y deseos de manera clara, pero también a comprender las perspectivas de los demás. La resolución de conflictos no se trata solo de ganar, sino de encontrar soluciones que beneficien a ambas partes. Fomentar el pensamiento colaborativo desde una edad temprana contribuye al desarrollo de habilidades interpersonales esenciales.

La importancia de la empatía en la resolución de conflictos no puede subestimarse. Ayudar a los niños a comprender cómo se sienten los demás y cómo sus acciones afectan a los demás es crucial para construir relaciones saludables. La empatía fomenta la conexión emocional y contribuye a un ambiente familiar en el que todos se sienten comprendidos y valorados.

El establecimiento de reglas claras para la resolución de conflictos también es clave. Los niños deben conocer los límites y las expectativas durante las disputas. Esto puede incluir reglas sobre el respeto mutuo, la no violencia y la búsqueda de soluciones en lugar de culpas.

Además, es útil implementar momentos dedicados a la reflexión después de un conflicto. Esto permite a los niños y adultos procesar lo sucedido, identificar formas de mejorar la comunicación y buscar soluciones más efectivas para futuros desacuerdos.

Superar los desafíos en la resolución de conflictos implica modelar comportamientos positivos, enseñar habilidades de negociación, fomentar la empatía, establecer reglas claras y proporcionar oportunidades para la reflexión. Al hacerlo, se crea un entorno familiar en el que los conflictos se abordan de manera constructiva, promoviendo relaciones saludables y duraderas.

La gestión de comportamientos desafiantes en niños es un área crucial de la crianza que puede presentar diversos desafíos. La clave para superar estos desafíos reside en adoptar estrategias que promuevan la comprensión, la comunicación efectiva y la construcción de relaciones basadas en el respeto mutuo.

Enfrentar comportamientos desafiantes comienza con la comprensión de las necesidades y emociones del niño. Los comportamientos desafiantes a menudo son indicadores de necesidades no satisfechas o emociones que el niño no puede expresar de otra manera. Adoptar un enfoque comprensivo, intentando descubrir las razones detrás del comportamiento, es esencial.

La comunicación abierta juega un papel fundamental. Los niños deben sentirse seguros al expresar sus emociones y necesidades. Fomentar un ambiente donde la comunicación sea alentada sin temor a represalias ayuda a prevenir comportamientos desafiantes al permitir que los niños expresen sus preocupaciones de manera más efectiva.

La disciplina positiva es una herramienta valiosa en la gestión de comportamientos desafiantes. Se centra en enseñar y guiar en lugar de castigar. Establecer límites claros y consistentes, pero al mismo tiempo brindar oportunidades para el aprendizaje y la toma de decisiones, contribuye al desarrollo de un comportamiento más positivo.

Reforzar y elogiar comportamientos positivos es tan importante como abordar los desafiantes. Los niños responden favorablemente a la atención positiva, y reconocer y recompensar conductas deseables fortalece la motivación intrínseca y refuerza patrones de comportamiento positivos.

La coherencia en la aplicación de reglas y consecuencias es clave. Los niños necesitan consistencia para comprender las expectativas y aprender de las consecuencias de sus acciones. La falta de coherencia puede generar confusión y contribuir a comportamientos desafiantes.

Además, involucrar a los niños en la resolución de problemas y decisiones les otorga un sentido de autonomía y responsabilidad. Permitirles participar en la toma de decisiones relacionadas con su vida cotidiana les brinda un sentido de control y reduce la probabilidad de comportamientos desafiantes como una forma de expresar frustración.

En resumen, superar los desafíos en la gestión de comportamientos desafiantes implica comprensión, comunicación efectiva, disciplina positiva, refuerzo de comportamientos positivos, coherencia en la aplicación de reglas y la involucración activa de los niños en la toma de decisiones. Adoptar este enfoque no solo aborda los comportamientos desafiantes de manera efectiva, sino que también contribuye al desarrollo socioemocional saludable de los niños.

La coherencia en la aplicación de reglas y consecuencias es clave. Los niños necesitan consistencia para comprender las expectativas y aprender de las consecuencias de sus acciones. La falta de coherencia puede generar confusión y contribuir a comportamientos desafiantes.

Además, involucrar a los niños en la resolución de problemas y decisiones les otorga un sentido de autonomía y responsabilidad. Permitirles participar en la toma de decisiones relacionadas con su vida cotidiana les brinda un sentido de control y reduce la probabilidad de comportamientos desafiantes como una forma de expresar frustración.

Superar los desafíos en la gestión de comportamientos desafiantes implica comprensión, comunicación efectiva, disciplina positiva, refuerzo de comportamientos positivos, coherencia en la aplicación de reglas y la involucración activa de los niños en la toma de decisiones. Adoptar este enfoque no solo aborda los comportamientos desafiantes de manera efectiva, sino que también contribuye al desarrollo socioemocional saludable de los niños.

La adaptación a cambios en la rutina y los desafíos en la educación escolar son aspectos interrelacionados que pueden afectar significativamente a la vida de los niños y sus familias. Superar estos desafíos implica la creación de entornos flexibles y el fomento de una actitud positiva hacia el cambio, tanto en el hogar como en el entorno escolar.

La adaptación a cambios en la rutina comienza con la comprensión de que los niños prosperan en estructuras predecibles, pero también necesitan aprender a enfrentar y adaptarse a cambios. Introducir cambios gradualmente y proporcionar explicaciones claras puede ayudar a que los niños se sientan más seguros durante transiciones importantes, como cambios en las rutinas diarias o eventos familiares.

En el entorno escolar, los desafíos pueden surgir en diferentes formas, desde dificultades académicas hasta problemas sociales. Mantener una comunicación abierta y constante con los maestros es fundamental para abordar estos desafíos. Los padres deben estar involucrados en la educación de sus hijos, trabajando en colaboración con el personal escolar para encontrar soluciones y apoyar el progreso académico y emocional.

Fomentar una actitud positiva hacia el cambio es esencial. Los niños deben aprender que el cambio es una parte natural de la vida y que pueden desarrollar habilidades para adaptarse y enfrentar nuevos desafíos. En este proceso, los adultos tienen un papel fundamental al modelar una actitud positiva y brindar apoyo emocional durante periodos de transición.

La creación de rutinas flexibles en el hogar y en la escuela ayuda a proporcionar cierta estabilidad en medio de cambios. Mantener elementos consistentes, como momentos para el juego, la lectura o la interacción familiar, puede ofrecer a los niños un sentido de continuidad cuando otras partes de sus vidas están experimentando cambios.

Abordar los desafíos en la educación escolar implica reconocer y apoyar las necesidades individuales de cada niño. Si un niño enfrenta dificultades académicas, es esencial identificar tempranamente las áreas de necesidad y trabajar junto con los maestros para implementar estrategias de apoyo, ya sea a través de tutorías adicionales, adaptaciones en el aula o recursos especializados. Superar los desafíos en la adaptación a cambios en la rutina y en la educación escolar implica crear entornos flexibles, fomentar una actitud positiva hacia el cambio y abordar las necesidades individuales de cada niño. Esto no solo contribuye al bienestar emocional de los niños, sino que también fortalece las conexiones entre el hogar y la escuela para brindar un apoyo integral.

La dinámica entre hermanos puede presentar desafíos únicos que requieren una comprensión profunda y estrategias efectivas para fomentar relaciones positivas. Al mismo tiempo, el desarrollo de la autoestima y la confianza en los niños es esencial para su bienestar emocional a largo plazo.

Los desafíos en las relaciones entre hermanos a menudo se centran en la rivalidad y la competencia. Es crucial para los padres abordar estas dinámicas de manera equitativa y fomentar un ambiente de colaboración en lugar de competencia. Establecer normas claras sobre el respeto mutuo y la resolución de conflictos es esencial para cultivar relaciones positivas entre hermanos.

Involucrar a los niños en actividades conjuntas puede ser una estrategia efectiva para fortalecer los lazos fraternales. Esto puede incluir proyectos familiares, juegos cooperativos o momentos de calidad juntos. Al compartir experiencias positivas, los niños pueden desarrollar una conexión más profunda y aprender a apreciar las cualidades únicas de cada uno.

El fomento de la autoestima y la confianza comienza con el reconocimiento y la celebración de las fortalezas individuales de cada niño. Los padres y cuidadores deben elogiar los logros y esfuerzos de manera específica, reconociendo las habilidades y atributos únicos de cada niño. Esto ayuda a construir una base sólida para una autoimagen positiva.

Proporcionar oportunidades para la toma de decisiones y la asunción de responsabilidades contribuye al desarrollo de la autoestima. Los niños que sienten que tienen un impacto en su entorno y pueden tomar decisiones independientes desarrollan un sentido de competencia y control sobre sus vidas, lo que es fundamental para una autoestima saludable.

El apoyo emocional constante también desempeña un papel crucial. Los padres deben estar atentos a las señales de problemas emocionales y brindar un ambiente seguro para que los niños expresen sus pensamientos y emociones. La validación y el apoyo en momentos difíciles refuerzan la confianza y ayudan a los niños a enfrentar desafíos de manera más efectiva.

Fomentar la independencia y responsabilidad en los

niños es esencial para su desarrollo integral. Este proceso implica brindar oportunidades para que los niños tomen decisiones, asuman responsabilidades y desarrollen habilidades que les permitan ser autónomos.

Una estrategia clave es permitir que los niños participen activamente en la toma de decisiones relacionadas con su vida diaria. Desde la elección de la ropa que quieren usar hasta decisiones sobre actividades recreativas, darles espacio para expresar sus preferencias y tomar decisiones contribuye al desarrollo de su sentido de autonomía.

Asignar responsabilidades acordes con la edad también es fundamental. Los niños pueden asumir tareas domésticas, responsabilidades escolares y otras actividades que les permitan contribuir al bienestar familiar. Al hacerlo, desarrollan un sentido de responsabilidad y comprenden la importancia de contribuir al funcionamiento del hogar.

Proporcionar oportunidades para resolver problemas y enfrentar desafíos contribuye a la independencia y la toma de decisiones informadas. Permitir que los niños encuentren soluciones a pequeños problemas fomenta la resiliencia y les enseña habilidades prácticas para enfrentar desafíos en el futuro.

La comunicación abierta y el estímulo positivo son elementos clave. Reforzar los esfuerzos y logros de los niños, incluso cuando enfrentan dificultades, promueve la autoconfianza y el deseo de asumir más responsabilidades. La retroalimentación constructiva guía su crecimiento y desarrollo de manera positiva.

Es crucial ser flexible y ajustarse a medida que los niños crecen y desarrollan nuevas habilidades. A medida que ganan más independencia, es fundamental ajustar las expectativas y brindar oportunidades para que asuman responsabilidades más complejas.

6

Crianza consciente y respetuosa

En el mundo de la crianza, una preocupación común entre padres y madres es cómo lograr que sus hijos obedezcan y se comporten adecuadamente. A menudo, la disciplina positiva es vista con escepticismo y se asume que es una forma permisiva de crianza que no funciona para mantener el orden y la obediencia. Sin embargo, esta percepción está lejos de la realidad.

La crianza consciente y respetuosa es un enfoque que reconoce la importancia de la conexión emocional, la empatía y el respeto mutuo en la relación entre padres e hijos. Este capítulo explorará los principios fundamentales de la crianza consciente y cómo se pueden aplicar para fomentar un ambiente de amor, comprensión y crecimiento emocional saludable.

La presencia plena en la crianza implica estar completamente comprometidos y conscientes en el momento presente con los hijos. En un mundo lleno de distracciones y agendas ocupadas, la práctica de la atención plena se convierte en una herramienta esencial para fortalecer los vínculos emocionales y fomentar un ambiente de seguridad y conexión.

Estar plenamente presente significa más que simplemente estar físicamente presente; implica dedicar tiempo y atención de calidad a los niños. Esto se traduce en apagar dispositivos electrónicos, poner a un lado las preocupaciones externas y sumergirse en la experiencia compartida con los hijos. Ya sea jugando, conversando o simplemente compartiendo un momento de calma, la presencia plena establece las bases para relaciones profundas y significativas.

En la práctica, la atención plena se manifiesta en escuchar activamente a los hijos. Esto implica prestar atención a sus palabras, tono y lenguaje no verbal, mostrando un interés genuino en sus pensamientos y sentimientos. La escucha activa comunica a los niños que son valorados y respetados, fortaleciendo así la conexión emocional.

La presencia plena también se relaciona con la gestión del estrés parental. La atención plena proporciona herramientas para gestionar las tensiones diarias de manera efectiva, permitiendo a los padres responder a las situaciones con calma y compasión en lugar de reaccionar impulsivamente. Este enfoque influye directamente en el ambiente emocional del hogar.

Integrar la presencia plena en la rutina diaria implica crear momentos de conexión intencional. Ya sea a través de rituales familiares, como cenas juntas sin distracciones, o momentos específicos de juego y conversación, estos espacios dedicados refuerzan el vínculo afectivo y contribuyen al bienestar emocional de los hijos.

La comunicación respetuosa en la crianza es un pilar fundamental para establecer relaciones saludables y fortalecer el vínculo entre padres e hijos. Implica el uso de un lenguaje que promueva el respeto mutuo, la comprensión y la apertura en la interacción diaria.

En el corazón de la comunicación respetuosa se encuentra el lenguaje positivo. Este enfoque implica expresar pensamientos y emociones de manera constructiva, evitando críticas y culpas. Utilizar un tono amable y palabras que refuercen el comportamiento positivo contribuye a un ambiente emocionalmente seguro y alienta a los niños a expresarse abierta y honestamente.

La empatía también desempeña un papel clave en la comunicación respetuosa. Entender y validar las emociones de los niños crea un espacio en el que se sienten escuchados y comprendidos. En lugar de minimizar o descartar sus sentimientos, los padres pueden practicar la empatía al reflejar las emociones de los niños y mostrar comprensión.

El arte de hacer preguntas abiertas es otra herramienta poderosa. En lugar de obtener respuestas breves, las preguntas abiertas invitan a los niños a expresar sus pensamientos y sentimientos de manera más completa. Esto no solo fomenta la comunicación, sino que también ayuda a los padres a comprender mejor las perspectivas y preocupaciones de sus hijos.

La comunicación respetuosa también implica escuchar activamente. Esto significa dedicar atención plena al habla de los niños, haciendo preguntas clarificadoras si es necesario y mostrando interés genuino en lo que tienen que decir. La escucha activa valida las experiencias de los niños y fortalece la conexión emocional.

En situaciones en las que se necesitan establecer límites o corregir comportamientos, la comunicación respetuosa se centra en explicar las expectativas de manera clara y compasiva. Evitar la vergüenza o la crítica excesiva y, en su lugar, proporcionar orientación positiva y soluciones constructivas, contribuye a un ambiente de crianza que fomenta el crecimiento y la comprensión.

El establecimiento de límites con amor es esencial para guiar el comportamiento de los niños de manera efectiva mientras se construye un vínculo basado en el respeto y la comprensión. Establecer límites claros y consistentes proporciona estructura y seguridad, al tiempo que permite a los niños comprender las expectativas y las consecuencias de sus acciones.

Cuando se establecen límites, es crucial hacerlo con calma y compasión. En lugar de imponer restricciones de manera autoritaria, los padres pueden explicar las razones detrás de los límites de manera clara y sencilla. Este enfoque ayuda a los niños a comprender el propósito detrás de las reglas y fomenta la cooperación en lugar de la resistencia.

El establecimiento de límites también implica ser consistente en la aplicación de las reglas. Los niños se benefician de la previsibilidad y la coherencia, ya que esto les brinda un marco claro en el que pueden comprender y aprender sobre las expectativas. La inconsistencia puede generar confusión y dificultar la internalización de las normas.

Es importante destacar que establecer límites con amor no significa ser inflexible. Los padres pueden ser receptivos a las necesidades individuales de los niños y adaptar los límites según sea necesario. El diálogo abierto y la flexibilidad permiten ajustar las reglas de acuerdo con el desarrollo y las circunstancias específicas de cada niño.

La educación positiva es un enfoque que se centra en reforzar comportamientos positivos en lugar de castigar los negativos. Se basa en la idea de que el refuerzo positivo es más efectivo para motivar a los niños a comportarse de manera deseada y aprender habilidades sociales y emocionales.

En lugar de concentrarse en lo que los niños no deben hacer, la educación positiva destaca y celebra lo que hacen bien. El elogio y la atención positiva refuerzan los comportamientos deseables, motivando a los niños a repetir esas acciones para obtener reconocimiento y aprobación.

La educación positiva también implica establecer expectativas realistas y proporcionar oportunidades para que los niños tengan éxito. Establecer metas alcanzables y proporcionar apoyo y orientación durante el proceso de aprendizaje fomenta la autoestima y la confianza en sí mismos.

En situaciones en las que es necesario corregir comportamientos no deseados, la educación positiva se centra en enseñar y guiar en lugar de castigar. Proporcionar explicaciones claras sobre las consecuencias de ciertas acciones y ofrecer alternativas constructivas ayuda a los niños a comprender las expectativas y a desarrollar habilidades para enfrentar situaciones similares en el futuro.

Establecer límites con amor y la educación positiva son elementos interconectados en la crianza. Al establecer límites claros con calma y compasión, y al adoptar un enfoque de refuerzo positivo, los padres crean un entorno que guía el comportamiento de manera efectiva mientras fortalece la conexión emocional con sus hijos.

Las prácticas diarias de conexión son la esencia que nutre las relaciones familiares y fortalece el vínculo emocional entre padres e hijos. Estas prácticas no solo crean momentos significativos, sino que también contribuyen al bienestar emocional de toda la familia al cultivar un sentido de pertenencia y apoyo mutuo.

Incorporar prácticas diarias de conexión comienza con la creación de rituales familiares. Estos rituales pueden ser simples, como compartir una comida juntos, contar historias antes de dormir o tener momentos de juego específicos. La consistencia en estas prácticas proporciona a los niños un sentido de seguridad y pertenencia.

La calidad del tiempo compartido es fundamental. Más que la cantidad, lo importante es estar completamente presente durante esos momentos. Apagar dispositivos electrónicos y dedicar tiempo de calidad a la interacción fortalece el vínculo emocional y comunica a los niños que son una prioridad en la vida de los padres.

El establecimiento de momentos significativos también puede incluir la creación de tradiciones familiares. Estas pueden ser celebraciones en días especiales, proyectos familiares o actividades que se repiten regularmente. Las tradiciones brindan estabilidad y crean recuerdos compartidos que fortalecen el sentido de identidad familiar.

La comunicación afectuosa es otro componente clave. Expresar amor y aprecio de manera regular crea un ambiente emocionalmente rico. Las palabras de aliento, elogios y expresiones de cariño refuerzan la conexión emocional y construyen la autoestima de los niños. Además, la flexibilidad y la adaptabilidad son esenciales. Las prácticas diarias de conexión deben ajustarse según las necesidades y las etapas de desarrollo de los niños. Estar atento a sus intereses y cambiar las rutinas cuando sea necesario contribuye a la relevancia y la efectividad de estas prácticas a lo largo del tiempo.

Las prácticas diarias de conexión son el alma de la crianza consciente. Al establecer rituales, compartir tiempo de calidad, crear tradiciones familiares, comunicarse afectuosamente y adaptarse a las necesidades cambiantes, los padres nutren un ambiente en el que florece la conexión emocional y se construyen relaciones familiares sólidas y duraderas.

. . .

DOS MITOS Comunes sobre la Disciplina Positiva

"La Disciplina Positiva es Permisiva"

Uno de los mayores mitos es que la disciplina positiva permite que los niños hagan lo que quieran sin consecuencias. En realidad, este enfoque establece límites claros y consistentes, pero lo hace de manera respetuosa y comprensiva. Los padres enseñan a sus hijos a entender las consecuencias de sus acciones a través de la reflexión y la discusión, no mediante el castigo severo.

"La Disciplina Positiva No Funciona para la Obediencia"

Otro mito es que este método no logra que los niños obedezcan. La disciplina positiva fomenta la cooperación y la responsabilidad en lugar de la obediencia ciega. Los niños aprenden a tomar decisiones responsables y a entender por qué ciertas reglas existen. Esto no solo mejora el comportamiento, sino que también fortalece la relación entre padres e hijos.

BENEFICIOS de la Disciplina Positiva

Desarrollo de la Autoestima: La disciplina positiva ayuda a los niños a desarrollar una autoimagen saludable. Al sentirse escuchados y respetados, los niños tienen más confianza en sí mismos y en sus capacidades. Esto es fundamental para su bienestar emocional y su desarrollo personal.

Mejora de la Comunicación Familiar: Este enfoque fomenta una comunicación abierta y honesta en la familia. Los niños se sienten más cómodos expresando sus sentimientos y preocupaciones, lo que facilita la resolución de conflictos y fortalece los lazos familiares.

Enseñanza de Habilidades para la Vida: La disciplina

positiva no solo corrige comportamientos inapropiados, sino que también enseña habilidades importantes como la empatía, la responsabilidad, y la resolución de problemas. Estas habilidades son esenciales para el éxito en la vida adulta y para la construcción de relaciones saludables.

TRES ESTRATEGIAS **de Disciplina Positiva**

<u>Tiempo Fuera Positivo:</u> En lugar de enviar a los niños a un "tiempo fuera" punitivo, la disciplina positiva sugiere un "tiempo fuera" positivo, donde el niño puede calmarse y reflexionar sobre su comportamiento en un entorno seguro y reconfortante.

<u>Solución de Problemas Juntos:</u> Involucrar a los niños en la solución de problemas les enseña a tomar responsabilidad por sus acciones y a buscar soluciones constructivas. Esto puede ser tan simple como preguntar: "¿Qué crees que podemos hacer diferente la próxima vez?".

<u>Refuerzo Positivo:</u> En lugar de centrarse en lo negativo, los padres pueden reforzar comportamientos positivos con elogios y reconocimiento. Esto motiva a los niños a repetir esos comportamientos.

LA DISCIPLINA positiva no es un enfoque permisivo, sino una forma eficaz y respetuosa de enseñar y guiar a los niños. Fomenta la cooperación, mejora la comunicación familiar y desarrolla habilidades esenciales para la vida. Al adoptar la disciplina positiva, los padres no solo promueven un comportamiento adecuado, sino que también fortalecen el vínculo con sus hijos y les preparan para ser adultos responsables y empáticos.

Postfacio

Hemos llegado al final de este viaje a través del mundo emocional de los niños. A lo largo de estas páginas, hemos explorado la importancia crucial de la inteligencia emocional en el desarrollo infantil y cómo cada uno de nosotros, ya sea padre, educador, o cuidador, puede desempeñar un papel vital en este proceso.

Espero que este libro te haya proporcionado no solo conocimientos y estrategias prácticas, sino también una comprensión más profunda y empática de las emociones de los niños. La inteligencia emocional no es un destino, sino un viaje continuo de aprendizaje y crecimiento, tanto para los niños como para los adultos que los rodean.

Uno de los aspectos más valiosos de este viaje es el poder de la validación emocional. Al escuchar, comprender y reflejar las emociones de los niños, les brindamos una base sólida para que se sientan seguros y aceptados. La empatía, como hilo conductor en nuestras interacciones, fortalece estas conexiones, permitiendo que los niños desarrollen relaciones más profundas y significativas.

Postfacio

Las rutinas diarias y los momentos de conexión son herramientas poderosas que ayudan a los niños a encontrar estabilidad y seguridad en un mundo a menudo lleno de cambios. Al crear un entorno estructurado y amoroso, estamos sentando las bases para que los niños crezcan con confianza y resiliencia.

Quiero agradecerte por embarcarte en esta aventura y por tu dedicación a nutrir el crecimiento emocional de los niños en tu vida. Tu esfuerzo y compromiso marcan una diferencia significativa en su bienestar y desarrollo. Al aplicar los principios y estrategias discutidos en este libro, estás contribuyendo a formar una generación de niños más conscientes emocionalmente, capaces de enfrentar los desafíos de la vida con empatía y fortaleza.

Recuerda que la inteligencia emocional es un regalo que sigue dando. Al fomentar estas habilidades en los niños, también nos transformamos y crecemos como individuos. Cada paso que damos para comprender mejor las emociones de los niños es un paso hacia un mundo más compasivo y conectado.

Gracias por ser parte de este viaje. Que continúes encontrando inspiración y satisfacción en tu rol como guía y apoyo en el desarrollo emocional de los niños.

Agradecimientos

Quiero expresar mi más profundo agradecimiento a todos los padres y cuidadores que han confiado en mí para ayudar a nutrir la salud emocional de sus familias. Su confianza y apertura han sido fundamentales para el éxito de este trabajo y para mi crecimiento como profesional. Su dedicación a entender y apoyar el desarrollo emocional de sus hijos es una fuente constante de inspiración. Es un privilegio caminar a su lado en este viaje, compartiendo conocimientos y estrategias que pueden marcar una diferencia significativa en sus vidas.

A los niños que he tenido el honor de conocer y trabajar con ellos, les debo un agradecimiento especial. Gracias por abrir sus corazones y almas conmigo, por compartir sus emociones y por permitir que sea parte de su viaje de crecimiento. Su capacidad para expresar sus sentimientos y su valentía para enfrentar los desafíos emocionales me recuerdan cada día la importancia y el poder de la inteligencia emocional. Ustedes son la razón por la que este trabajo es tan gratificante y significativo.

A todas las familias, por su perseverancia, amor y compromiso, quiero decirles que su esfuerzo no pasa desapercibido. El camino de la crianza y el desarrollo emocional está lleno de desafíos, pero también de momentos de profundo amor y conexión. Su disposición para aprender, crecer y adaptarse es un testimonio de su amor incondicional y su deseo de brindar a sus hijos un futuro lleno de bienestar emocional.

Finalmente, agradezco a todos aquellos que, directa o indirectamente, han contribuido a la creación de este libro. Sus experiencias, historias y aportes han enriquecido este proyecto de maneras invaluables. Este libro es un reflejo de nuestra colaboración y del impacto positivo que podemos tener en la vida de los niños y sus familias cuando trabajamos juntos.

Acerca del autor

Psicóloga Clínica, escritora, conferencista y docente universitaria.

Posee 4 maestrías en Psicología: Clínica Infanto-Juvenil, Neuropsicología, Docencia Superior y Psico-Oncología; así como 2 Maestrías en Negocios: un MBA y un Master en Gestión de Equipos; y un Doctorado en Psicología Clínica.

Con conocimiento en áreas especializadas como terapia de duelo e intervención conductual, utiliza principalmente métodos creativos y lúdicos para abordar necesidades emocionales en los niños y familias.

Es reconocida con tres premios globales, ha publicado diversos libros centrados en el apoyo a la población oncológica, crecimiento personal y emociones infantiles. Así como libros de trabajo para el desarrollo emocional de la población.

bettinacapucho@gmail.com

Made in the USA
Columbia, SC
21 October 2024